Liebe Leserin, lieber Leser!

Es lebe der Sport – und damit die lustigen Korkenfiguren, die bestimmt auch bei Ihnen in allen Disziplinen bald einen Platz ganz oben auf dem Siegertreppchen erobern! Denn sei es auf dem Tennisplatz, der Skipiste, im schnittigen Formel-1-Wagen oder auf dem Fußballfeld, die witzigen Männchen geben wirklich überall eine grandiose Figur ab: als individuelles Geschenk für sportbegeisterte Freunde und Kollegen ebenso wie zu Hause im Regal. Alle Modelle, wie Angler, Kicker, Schwimmer oder Radfahrer, entstehen aus Sektkorken, Holzkugeln und Chenilledraht mit wenig Aufwand und Schritt für Schritt erklärt. Richtig lebendig werden die Figürchen aber erst durch die entsprechende Bemalung, den pfiffigen Gesichtsausdruck, die typische Haltung und verwegene Frisuren. Ganz Sportler eben, wie jeder aus eigener Erfahrung oder zumindest aus der Sicht des Zuschauers weiß.

Viel Spaß bei den lustigen Korken-Olympischen-Spielen wünscht Ihr

Werner Schultze

Inhaltsverzeichnis

UHU pistole LT 110
UHU kraft
alleskleber
transparenter Kraftkleber
BWO2
Decormatt mat mate Acryl
Marabu
Fun Liner Magic
for textile, paper and more

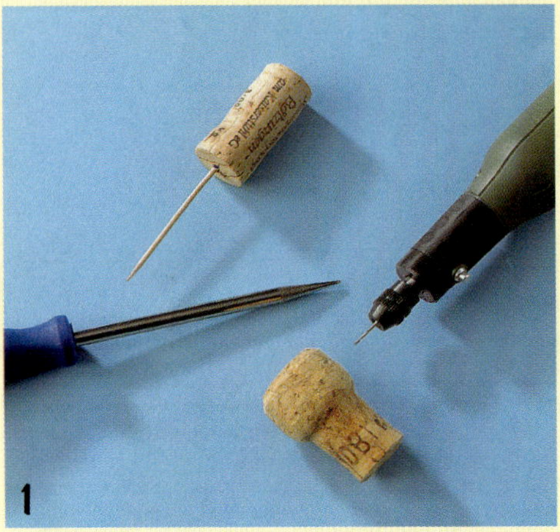

1

2

3

Grundkurs Basteln mit Korken

Grundmaterial

- *Korken (z. B. von Sekt oder Wein)*
- *Modellbaubohrer oder Prickelnadel*
- *scharfes Messer oder Bastelmesser mit breiter Klinge, Schneideunterlage*
- *Marabu-Decormatt Acryl*
- *Feinliner, feine Filzstifte*
- *Styroporstück*
- *Zahnstocher oder Schaschlikspieß*
- *Biegeplüsch, Seitenschneider*
- *Pinsel, Schere*
- *Bleistift, Lineal*
- *Heißklebepistole, Kleber*

1. Korken gibt es in verschiedenen Formen. Wählen Sie ein Exemplar, das dem gewünschten Modell entspricht. Um den Korken zum Bemalen auf Zahnstocher stecken zu können oder für Löcher, in die später Arme oder Beine aus Biegeplüsch gesteckt werden, verwenden Sie am besten einen kleinen Modellbaubohrer. Alternativ ist zum Vorbohren auch ein Vorstecher oder eine Prickelnadel geeignet.

2. Bei einigen Modellen werden die Korken zugeschnitten oder eingekerbt. Arbeiten Sie auf einer Schneideunterlage, und verwenden Sie ein scharfes Messer, das einen glatten Schnitt ausführt, oder ein Bastelmesser mit breiter Klinge.

3. Um Korken miteinander zu verkleben, eignet sich Heißkleber. Die Korkenteile an den Klebestellen vorher mit dem Messer anpassen. Dann beide Teile zusammendrücken, bis der Kleber angetrocknet ist.

4. Grundsätzlich ist es zu empfehlen, die Korken bei allen Modellen weiß zu grundieren. Die Oberfläche wird glatter, und die nächsten Farbaufträge decken besser. Zum Bemalen werden die Korken auf Zahnstocher gespießt und zum Trocknen in ein Styroporstück gesteckt.

5. Details, wie etwa Gesichter, können mit sehr feinen Bleistiftlinien vorgezeichnet werden. Prinzipiell gilt: Stets zuerst helle Farben auftragen, nach dem Trocknen dann die dunkleren. Für dünne Linien eignen sich Feinliner oder feine Filzstifte.

6. Arme oder Beine der Figuren werden häufig mit Biegeplüsch gestaltet. Dazu die Stücke mit dem Seitenschneider in entsprechender Länge zuschneiden. Vor dem Einstecken in das vorgebohrte Loch im Korken von jeweils einem Biegeplüschende etwa 5 mm Plüsch vom Draht abzupfen. Das Plüschstück mit diesem Ende in den Korken hineinstecken.

Tipps: *Das Vorbohren der Löcher, Zuschneiden oder Einkerben der Korken sowie das Kleben mit Heißkleber sollte beim Basteln mit Kindern in jedem Fall ein Erwachsener übernehmen. Beim Schneiden immer darauf achten, weg vom Körper zu arbeiten.*
Schlitze, etwa für das Einstecken von Ohren, schließen sich nach dem Einschneiden materialbedingt wieder. Darum kurz vorher mit einem Messer weiten.

4

5

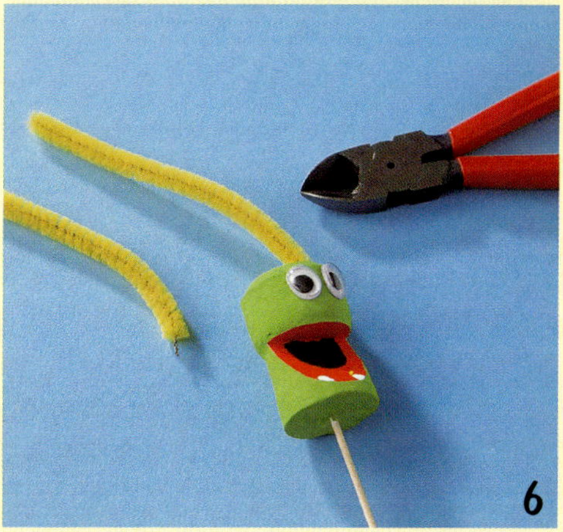
6

Endspurt beim Marathon

1. In den Sektkorken ein Loch für die Nase bohren. Von einem Wattestäbchen eine Spitze abschneiden und als Nase in das Loch kleben.

2. Den Sektkorken auf einen Zahnstocher stecken und weiß grundieren. Die Holzperlen und die Marionettenfüße ebenfalls weiß grundieren. Nach dem Trocknen den Sektkorken gemäß Abbildung gestalten, die Holzperlen in Hautfarbe bemalen. Auf die Füße Streifen gemäß Abbildung auftragen. Alles gut trocknen lassen.

3. Für die Beine vom Aludraht jeweils zwei 4,5 cm lange Drahtstücke zuschneiden. In die Bohrungen der Marionettenfüße zusätzlich noch schräge Löcher für den Draht bohren. Diesen dann in die Bohrungen pressen und je zwei Holzperlen auffädeln. In den Korkboden zwei Löcher bohren und die überstehenden Drahtenden hineinstecken.

4. Für die Arme vom Chenilledraht zwei je 4,5 cm lange Stücke zuschneiden und an den entsprechenden Stellen Löcher in den Korken bohren. Von den Drahtenden jeweils etwas Plüsch abzupfen und den Draht in die Löcher stecken. Die Arme in Form biegen. Jeweils eine Holzperle als Hand aufkleben.

5. Von der Märchenwolle eine Strähne abzupfen und mittig abbinden. Gleichmäßig auseinander ziehen und zuschneiden. Die Haare auf den Kopf kleben, in Form bringen und eventuell zuschneiden.

6. Das Gesicht gemäß Abbildung ausgestalten und die Wackelaugen aufkleben.

Tipp: *Sind die Wattestäbchenspitzen für die Nasen zu fusselig, die Wattefasern vor dem Bemalen mit etwas Klebstoff bestreichen und mit den Fingern glätten.*

Material

Für beide Läufer (pro Figur):

- *Grundmaterial (siehe Seite 4)*
- *Sektkorken, Wattestäbchen*
- *6 Holzperlen (Ø 10 mm)*
- *2 Marionettenfüße (20 mm x 25 mm)*
- *Aludraht (Ø 2 mm)*
- *Chenilledraht in Beige (Ø 9 mm)*
- *2 Wackelaugen (Ø 5 mm)*
- *Buntstift in Zinnoberrot*
- *Fine Liner in Schwarz und Grau*
- *Marabu-Deco-Painter in Kirschrot, Hellblau*

Für den Läufer im rosafarbenen Trikot:

- *Marabu-Decormatt Acryl in Hautfarbe, Türkis, Azalee, Weiß, Mango, Zinnoberrot*
- *Märchenwolle in Orange, Garn in Orange*

Für den Läufer im blauen Trikot:

- *Marabu-Decormatt Acryl in Hautfarbe, Weiß, Zinnoberrot, Mittelblau, Metallic-Blau*
- *Märchenwolle in Gelb, Garn in Gelb*

ZieL
18
57

Spiel, Satz und Sieg!

1. In den Sektkorken ein Loch für die Nase bohren. Vom Wattestäbchen eine Spitze abschneiden, als Nase in das Loch kleben.

2. Den Korken, die Holzperlen und die Marionettenfüße zuerst in Weiß grundieren. Korken und Perlen nach dem Trocknen gemäß Abbildung bemalen. Trocknen lassen.

3. Vom breiten Satinband ein entsprechend langes Stück als Rock um den Korken kleben. Das schmale Satinband als Bündchen um das obere Ende herum anbringen.

4. Die Löcher für Arme und Beine in den Korken bohren. Zusätzlich zur bereits vorhandenen Bohrung ein 2-mm-Loch in die Marionettenfüße bohren. Vom Aludraht zwei 4,5 cm lange Stücke abzwicken, die Enden in die kleinen Löcher der Füße stecken. Je zwei Perlen auf den Draht fädeln, die Enden in den Körper stecken. Die Beine in Form biegen.

5. Für den Schläger ein etwa 17 cm langes Peddigrohr zu einer Schlaufe mit gleich langen Enden biegen. Die Enden etwa 3 cm zuerst mit weißem, dann für den Griff mit rotem Klebeband umwickeln. Die Schlaufe mit dem Netz hinterkleben, das Netz zuschneiden.

6. Für die Arme vom Chenilledraht zwei je 6 cm lange Stücke zuschneiden. An jeweils einem Ende etwas Plüsch abzupfen und die Arme in den Korken stecken. Den Chenilledraht als Hände bzw. Hand um den Schläger drehen.

7. Das Gesicht gemäß Abbildung gestalten und die Wackelaugen aufkleben.

8. Für die roten Haare einen Teil einer kleinen Strähne Märchenwolle mittig abbinden. Die Wolle gleichmäßig auseinander zupfen, etwas Wolle nach vorne nehmen und als Pony kürzen. Die Haare gleichmäßig rund schneiden. Auf den Kopf kleben, frisieren und nachschneiden. Für die gelben Haare eine etwas längere Strähne Märchenwolle mittig abbinden, gleichmäßig auseinander zupfen und auf den Kopf kleben. Die Haare in der Mitte teilen und beidseitig zu Zöpfen abbinden.

Material

Pro Figur:

- *Grundmaterial (siehe Seite 4)*
- *Sektkorken*
- *Wattestäbchen*
- *2 Wackelaugen (Ø 5 mm)*
- *4 Holzperlen (Ø 10 mm), Aludraht (Ø 2 mm)*
- *2 Marionettenfüße (20 mm x 25 mm)*
- *Aludraht (Ø 2 mm)*
- *Satinband in Weiß (3 mm und 14 mm)*
- *3 Pompons in Gelb für die Bälle*
- *Chenilledraht in Beige (Ø 9 mm)*
- *Peddigrohr, Kunststofffliegengitter*
- *farbiges Klebeband in Weiß und Rot*
- *Märchenwolle in Gelb oder Rot*
- *Stickgarn in Gelb oder Rot*
- *Marabu-Decormatt Acryl in Hautfarbe, Weiß*
- *Fineliner in Schwarz*
- *Buntstifte in Orange und Zinnoberrot*

Biken über Stock und Stein

1. Für die Nase vom Wattestäbchen eine Spitze abschneiden. Ein Loch in den Korken bohren und die Spitze hineinkleben.

2. Den Korken und die Schuhe in Weiß grundieren. Nach dem Trocknen gemäß Abbildung bemalen. Erneut trocknen lassen. Das Gesicht gestalten und die Wackelaugen aufkleben.

3. Für die Haare von der Märchenwolle eine kleine Strähne abzupfen. In der Mitte mit Garn abbinden. Die Fasern gleichmäßig auseinander zupfen und in Form schneiden. Die Haare auf den Kopf kleben. Mit einem Borstenpinsel etwas Haarspray auftragen, frisieren und erneut schneiden.

4. An den entsprechenden Stellen Löcher für die Arme und die Beine in den Korken bohren. Für die Arme jeweils roten und gelben, für die Beine gelben und grünen Chenilledraht ineinander verdrehen, für die Beine je ein gelbes und grünes Stück. Arme und Beine jeweils auf 4,5 cm kürzen. Löcher für den Chenilledraht bohren. Bei den Beinen den Plüsch beidseitig, bei den Armen einseitig etwas abzupfen.

5. Die Beine jeweils in einen Marionettenfuß und in den Körper, die Arme ebenfalls in die vorgebohrten Löcher im Korken einstecken. Arme und Beine in Form biegen.

6. Die Figur auf dem Sattel des Fahrrades anbringen. Die Hände mit Heißkleber an den Lenker, die Füße auf die Pedale kleben.

Tipp: *Allzu widerspenstige Frisuren wie hier beim Radfahrer können mit Haarspray gebändigt werden. Dazu das Spray erst auf ein Stück Karton sprühen, dann mit einem Pinsel aufnehmen und auf die Märchenwolle auftragen.*

Material

- *Grundmaterial (siehe Seite 4)*
- *Sektkorken*
- *Wattestäbchen*
- *2 Wackelaugen (5 mm)*
- *2 Marionettenfüße (15 mm x 20 mm)*
- *2 Marionettenhände (10 mm x 18 mm)*
- *Chenilledraht in Rot, Gelb, Hellgrün (Ø 9 mm)*
- *Märchenwolle in Rostbraun*
- *Haarspray*
- *Stickgarn in Rot*
- *Spielzeugfahrrad*
- *Marabu-Decormatt Acryl in Hautfarbe, Kirschrot, Gelbgrün, Mittelgelb, Schwarz*
- *Fineliner in Schwarz*
- *Buntstift in Zinnoberrot*

Petri Heil!

1. Für die Nase vom Wattestäbchen eine Spitze abschneiden. Ein Loch in den Korken bohren und die Spitze hineinkleben.

2. Für den grünen Angler vom unteren Korkenende gemäß Skizze auf dem Vorlagenbogen einen Keil abschneiden. Für den Sitz von einem Weinkorken ein 1,8 cm großes Stück zuschneiden. Für den Sitz des blauen Anglers von einem ganzen Weinkorken der Länge nach 5 mm abschneiden. Alle Teile grundieren, gemäß Abbildung bemalen. Ein Peddigrohrende mit Klebeband umwickeln und die blaue Perle aufkleben.

3. Für die Beine zwei je 4,5 cm lange Aludrahtstücke in die Löcher der Marionettenfüße stecken. Je zwei Perlen auffädeln. In den Korkenboden zwei Löcher bohren, die Beine hineinstecken und in Form biegen. Für die Arme Löcher in den Korken bohren, zwei je 4,5 cm lange Chenilledrahtstücke hineinstecken. Vorher beidseitig etwas Plüsch abzupfen. Die Arme in Form biegen. Für den grünen Angler in eine Perle ein zusätzliches Loch für den Chenilledraht bohren. Den Arm einkleben und die Angel durch das vorhandene Loch führen. Eine zweite Perle auf den anderen Arm stecken. Beim blauen Angler Angel und Chenilledraht in die Perlenlöcher stecken. Das Gesicht gestalten, die Wackelaugen aufkleben.

4. Dem grünen Angler graue Märchenwolle mit den Fasern nach oben als Haarkranz aufkleben. Ist der Kleber trocken, die Haare nach unten streichen, festkleben und in Form schneiden. Für den blauen Angler eine kleine Strähne Märchenwolle mittig abbinden, gleichmäßig auseinander zupfen und zuschneiden. Den Schopf aufkleben, frisieren und nachschneiden.

5. Den Angler mit Heißkleber auf den Sitz kleben. Nähgarn an die Angelrute knoten. Aus der Wattekugel und einer Zahnstocherspitze den Schwimmer anfertigen, bemalen. An der Angelschnur anbringen.

Material

Für beide Angler (pro Figur) und Zubehör:

- *Grundmaterial (siehe Seite 4)*
- *Sektkorken, Weinkorken*
- *Wattestäbchen; Aludraht (Ø 2 mm)*
- *6 Holzperlen (Ø 10 mm), Peddigrohr*
- *2 Marionettenfüße (15 mm x 20 mm)*
- *2 Wackelaugen (Ø 6 mm), farbiges Klebeband*
- *Holzperle in Dunkelblau (Ø 6 mm)*
- *Wattekugel (Ø 10 mm), Zahnstocher*
- *Fineliner in Schwarz*
- *Buntstift in Orange oder Zinnoberrot*

Für den grünen Angler:

- *Marabu-Decormatt Acryl in Hautfarbe, Weiß, Kirschrot, Olivgrün, Sand*
- *Märchenwolle in Braun, Garn in Braun*
- *Chenilledraht in Rot*

Für den blauen Angler:

- *Marabu-Decormatt Acryl in Hautfarbe, Weiß, Saftgrün, Antikblau, Azurblau, Terracotta, Mittelbraun*
- *Märchenwolle in Grau, Garn*
- *Chenilledraht in Grau-Blau*

Vorlage 1

Schuss – und Tor!

1. Für eine Knollennase eine 10-mm-Wattekugel abflachen, auf den Korken kleben. Für eine lange Nase vom Wattestäbchen eine Spitze abschneiden. Ein Loch in den Korken bohren und die Spitze hineinkleben.

2. Korken, Holzperlen, Füße, Hände und Ball grundieren. Nach dem Trocknen gemäß Abbildung bemalen.

3. Für die Kurzhaarfrisur vier Reihen kurze Abschnitte einer Strähne Märchenwolle hintereinander auf den Korken kleben. Frisieren und mit Haarspray fixieren. Dazu das Spray mit dem Pinsel auftragen. Für die schwarzen und gelben Haare ein Stück Strähne mit Stickgarn abbinden, zurechtzupfen und aufkleben. Die Haare schneiden und eventuell mit Haarspray fixieren. Das Gesicht gestalten und die Wackelaugen aufkleben. Bäckchen und Nase kolorieren (siehe Tipp).

4. Löcher für Arme und Beine in den Korken bohren. Vom Chenilledraht zwei 4,5 cm lange Stücke zuschneiden. An den Enden jeweils etwas Plüsch abzupfen, als Arme in den Körper stecken. An den Enden die Holzkugeln oder beim Torwart die Hände ankleben.

5. Vom Aludraht zwei je 4,5 cm lange Stücke zuschneiden. Die Enden in die Bohrungen der Marionettenfüße pressen. Die Perlen auffädeln und Draht in die Löcher im Korken stecken.

Tipp: *Für den Farbauftrag auf Bäckchen und Nase mit kräftigen Buntstiftstrichen Farbpigmente auf einem Blatt Papier ablösen. Diese mit einem Wattestäbchen aufnehmen und auf die Figur streichen.*

Material

Für alle Spieler (pro Figur):

- *Grundmaterial (siehe Seite 4)*
- *Sektkorken*
- *Wattekugeln (Ø 10 mm) oder Wattestäbchen*
- *4 Holzperlen in Natur (Ø 10 mm)*
- *2 Marionettenfüße (15 mm x 20 mm)*
- *2 Wackelaugen (Ø 6 mm)*
- *Märchenwolle in Rostrot, 2 Gelbtönen oder Schwarz*
- *Aludraht (Ø 2 mm), Fineliner in Schwarz*
- *Marabu-Deco Painter in Weiß, Silber*
- *Buntstifte in Orange, Zinnoberrot, Karminrosa*
- *Wattekugel (Ø 20 mm, für den Ball)*

Für einen Spieler der roten Mannschaft:

- *2 Holzperlen in Rot (Ø 10 mm)*
- *Chenilledraht in Rot (Ø 9 mm)*
- *Garn in Gelb, Haarspray*
- *Marabu-Decormatt Acryl in Hautfarbe, Weiß, Scharlachrot, Rotwein, Schwarz*

Für einen Spieler der blauen Mannschaft:

- *2 Holzperlen in Blau (Ø 10 mm)*
- *Chenilledraht in Gelb (Ø 9 mm) oder Blau*
- *Marabu-Decormatt Acryl in Hautfarbe, Weiß, Mittelblau, Mango, Dunkelblau*
- *2 Marionettenhände für den Torwart (10 mm x 18 mm)*

Piste frei für's Abfahrtsrennen

1. Für die Ski eine Rundung der Bastelhölzchen mit dem Seitenschneider abknipsen und glatt schleifen.

2. Für die Nase vom Wattestäbchen eine Spitze abschneiden. Ein Loch in den Sektkorken bohren und die Spitze hineinkleben.

3. Korken, Ski, Füße und Zahnstocher grundieren. Nach dem Trocknen gemäß Abbildung bemalen.

4. Für die Arme und Beine den entsprechenden Chenilledraht in zwei Farben zusammendrehen und vier je 4,5 cm lange Stücke zuschneiden. An jeweils beiden Seiten den Plüsch etwas abzupfen.

5. Arm- und Beinlöcher in den Korken bohren und den Chenilledraht hineinstecken. Als Hände Perlen darauf stecken. Für die Skifahrerin vorher zusätzliche Löcher für die Skistöcke in die Perlen bohren. Die Füße bzw. Skischuhe auf die Ski kleben. Die Beinenden in die Schuhe kleben. Arme und Beine formen.

6. Die Gesichter der Figuren nach Belieben oder gemäß Abbildung gestalten und Wackelaugen aufkleben.

7. Für die Skifahrerin von der gelben Wolle einen Abschnitt einer kleinen Strähne zuerst mit den Fasern nach vorne aufkleben. Ist der Kleber trocken, die Haare nach hinten streichen und mit Stickgarn zusammenbinden. Beim Skifahrer eine Strähne orangefarbener Märchenwolle mittig abbinden, die Haare gleichmäßig auseinander zupfen und schneiden. Etwas Wolle zum Pony kürzen. Die Haare auf dem Kopf anbringen, schneiden und frisieren.

8. Die Skistöcke in die Hände stecken. Als Teller am unteren Stockende je ein Druckknopfteil mit Heißkleber anbringen.

Material

Für beide Skifahrer (pro Figur):

- *Grundmaterial (siehe Seite 4)*
- *Sektkorken*
- *Wattestäbchen, 2 Zahnstocher*
- *2 Wackelaugen (Ø 5 mm)*
- *2 Marionettenfüße (20 mm x 25 mm)*
- *2 Bastelhölzchen (11 mm x 11 cm)*
- *Fineliner in Schwarz*
- *Buntstift in Karminrosa, Druckknopfteile*

Für die Skifahrerin:

- *Marabu-Decormatt Acryl in Hautfarbe, Metallic-Blau, Metallic-Rosa, Weiß, Zinnoberrot hell, Metallic-Violett, Azurblau, Azalee, Metallic-Silber*
- *Märchenwolle in Gelb, Nähgarn in Gelb*
- *2 Holzperlen in Rosa (Ø 12 mm)*
- *Chenilledraht in Flieder und Pink (Ø 9 mm)*

Für den Skifahrer:

- *Marabu-Decormatt Acryl in Weiß, Hautfarbe, Mittelgelb, Azurblau, Metallic-Blau, Metallic-Violett, Metallic-Silber*
- *Märchenwolle in Orange, Nähgarn in Orange*
- *Chenilledraht in Blau und Gelb (Ø 9 mm)*
- *2 Holzperlen in Blau (Ø 12 mm)*

Vorlage 2

Eins, zwei, Cha-Cha-Cha ...

1. Für die Nase vom Wattestäbchen eine Spitze abschneiden. Ein Loch in den Sektkorken bohren und die Spitze hineinkleben. Korken, Holzperlen und Füße grundieren. Nach dem Trocknen gemäß Abbildung bemalen und trocknen lassen.

2. Für die Tänzerin ein etwa 7,5 cm großes Stück Manschettenstück in einzelne Segmente auseinander schneiden. Die Segmente beidseitig in Azalee bemalen. Nach dem Trocknen sieben Teile als Rock unter den Korken kleben. Als Bund ein Seidenbändchen um die Figur herumkleben, auf der Rückseite zur Schleife binden.

3. Für die Beine pro Figur zwei je 4,5 cm lange Aludrahtstücke zuschneiden. Die Enden jeweils in die Bohrung der Marionettenfüße stecken. Die Perlen für die Beine auffädeln. In die Korkenunterseite je zwei Löcher bohren, die Beine hineinstecken und in Form biegen.

4. Für die Tänzerin den Teil einer Strähne gelber Märchenwolle mittig abbinden. Gleichmäßig auseinander zupfen und auf den Kopf kleben. Die Haare nach hinten bürsten und rundherum in Form schneiden. Für die Haare des Tänzers eine kleine Strähne brauner Märchenwolle mittig abbinden. Auseinander zupfen und aufkleben. Anschließend frisieren und zuschneiden. Die Gesichter gestalten und die Wackelaugen aufkleben.

5. Löcher für die Arme in die Korken bohren. Vom farblich passenden Chenilledraht zwei je 4,5 cm lange Stücke zuschneiden. den Plüsch an je einem Ende etwas abzupfen, die Arme in die Armlöcher kleben. Am anderen Ende jeweils Perlen als Hände ankleben. Die Figuren positionieren und die Hände vorne zusätzlich mit einem kleinen Stück Schaschlikspieß verbinden.

Material

Für beide Figuren (pro Figur):

- *Grundmaterial (siehe Seite 4)*
- *Sektkorken*
- *Wattestäbchen*
- *2 Wackelaugen (Ø 6 mm)*
- *6 Holzkugeln (Ø 10 mm)*
- *2 Marionettenfüße (15 mm x 20 mm)*
- *Aludraht (Ø 2 mm)*
- *Schaschlikspieß*
- *Fineliner in Schwarz und Rot*
- *Buntstifte in Zinnoberrot und Karminrosa*

Für die Tänzerin:

- *Marabu-Decormatt Acryl in Weiß, Hautfarbe, Azalee*
- *Biedermeier-Manschette in Weiß (Ø 7,5 cm)*
- *Satinbändchen in Pink (3 mm breit)*
- *Chenilledraht in Pink (Ø 9 mm)*
- *Märchenwolle in Gelb*

Für den Tänzer:

- *Marabu-Decormatt Acryl in Weiß, Hautfarbe, Schwarz, Kirschrot, Ultramarinblau dunkel*
- *Chenilledraht in Schwarz (9 mm)*
- *Märchenwolle in Braun*

Boxenstopp

1. Für das Auto Korken mit möglichst gerader Form wählen. Von diesen Korken vom unteren Teil für die Vorder-räder zwei 2 cm breite, für die Hinterräder zwei 2,5 cm breite Scheiben zuschneiden. Je zwei Räder mittig auf die Enden eines Zahnstochers stecken. Grundieren und gemäß Abbildung bemalen.

2. Für das Vorderteil des Autos die Kopfseite eines Korkens begradigen. Für das Hinterteil bei einem weiteren Korken die Sitzfläche für den Fahrer herausschneiden (siehe hierzu Skizzen auf dem Vorlagenbogen). Beide Teile mit Heißkleber zusammenkleben, grundieren und bemalen.

3. Für die Spoiler das Bastelhölzchen Vorlage zuschneiden, die Kanten schleifen. Zwei Zahnstocher halbieren und je zwei Hälften mittig und mit 2 cm Abstand auf die Spoiler kleben. Die Spoiler bemalen.

4. Den Korken für den Fahrer gemäß Vorlage zuschneiden, eventuell der Ausbuchtung im Auto anpassen. Ein Loch für die Nase bohren und die Spitze eines Wattestäbchens hineinkleben. Die Figur grundieren und gemäß Abbildung bemalen. Die Wackelaugen aufkleben.

5. Die Zahnstocher der Räder auf 2 cm kürzen. In das Auto Löcher für die Achsen bohren, die Räder hineinstecken. Für die Spoiler ebenfalls Löcher bohren, die Spoiler hineinstecken. Den Fahrer aufkleben.

6. Der Streckenposten wird ebenso gebastelt wie der Scater auf Seite 30. Statt aus Draht und Holzkugeln die Füße aus einem halbierten Eishölzchen arbeiten. Die Flagge gemäß Vorlage auf dem Vorlagenbogen aus rotem und gelbem Tonkarton zuschneiden. An einem Zahnstocher anbringen und der Figur in die Hand kleben.

Material

Für beide Figuren (pro Figur):
- *Grundmaterial (siehe Seite 4)*
- *Wattestäbchen*
- *2 Wackelaugen (Ø 5 mm)*
- *Fineliner in Schwarz*
- *Farbstift in Karminrosa*

Für den Streckenposten:
- *Sektkorken*
- *Marabu-Decormatt Acryl in Weiß, Hautfarbe, Gelb, Ultramarinblau dunkel, Orange*
- *Marabu-Deco Painter in Rot und Silber*
- *Eishölzchen*
- *Tonkarton in Orange, Rot, Gelb*
- *2 Holzkugeln (Ø 10 mm)*
- *Wattekugel (Ø 30 mm)*
- *Chenilledraht in Grün, Zahnstocher*
- *Märchenwolle in Gelb, Garn in Gelb*

Für den Formel-1-Fahrer:
- *7 Sektkorken, 6 Zahnstocher*
- *1 Bastelhölzchen (150 mm x 20 mm)*
- *Marabu-Deco Painter in Rot und Schwarz*
- *Marabu-Decormatt Acryl in Weiß, Hautfarbe, Kirschrot, Metallic-Silber, Schwarz, Ultramarinblau dunkel*

Vorlage 3

OZ
creativ

Das Wandern ist des Müllers Lust

1. Für die Nase vom Wattestäbchen eine Spitze abschneiden. Ein Loch in den Sektkorken bohren und die Spitze hineinkleben.

2. Für den Wanderer mit Hut von einem Sektkorken die obere Rundung abschrägen (siehe Skizze auf dem Vorlagenbogen). Die Wattekugel halbieren. Vom Tonkarton einen Kreis mit 5 cm Durchmesser ausschneiden.

3. Für den Rucksack einen Weinkorken gemäß Vorlagenskizze zuschneiden. Korken, Holzperlen, Marionettenfüße Rucksack und die Halbkugel für das Hutteil grundieren. Nach dem Trocknen gemäß Abbildung bemalen.

4. In die Bohrungen der Marionettenfüße schräge Löcher für den Aludraht bohren. Zwei je 4,5 cm lange Aludrahtstücke zuschneiden. Den Draht in die Bohrung stecken und die Perlen auffädeln. In den Korkenboden zwei Löcher bohren, die Beine hineinstecken.

5. Löcher für die Arme in den Korken bohren. Vom Chenilledraht zwei je 4,5 cm lange Stücke zuschneiden. Jeweils an einem Ende etwas Plüsch abzupfen und die Arme in die Armlöcher kleben. Die Arme in Form biegen und Perlen als Hände ankleben. In die rechte Hand ein kleines Loch bohren und einen Zahnstocher als Wanderstab hineinstecken. Den Rucksack mit Heißkleber auf dem Rücken anbringen.

6. Eine Strähne Märchenwolle in der Mitte abbinden. Gleichmäßig auseinander ziehen und auf den Kopf kleben. Frisieren und in Form schneiden. Den Hut aufkleben. Das Gesicht gestalten und die Wackelaugen anbringen.

Material

Für beide Figuren (pro Figur):
- *Grundmaterial (siehe Seite 4)*
- *Sektkorken, Weinkorken*
- *2 Holzperlen in Rot (Ø 10 mm)*
- *4 Holzperlen in Natur (Ø 10 mm)*
- *2 Marionettenfüße (20 mm x 25 mm)*
- *Aludraht (Ø 2 mm), Wattekugel (Ø 30 mm)*
- *Wattestäbchen; Zahnstocher*
- *2 Wackelaugen (Ø 5 mm)*
- *Fineliner in Schwarz*
- *Buntstift in Zinnoberrot*

Für den Wanderer mit Hut:
- *Tonkarton in Vanille*
- *Sektkorken; Zirkel*
- *Wattekugel (Ø 30 mm)*
- *Satinbändchen in Rot (3 mm breit)*
- *Märchenwolle in Grau, Garn in Grau*
- *Chenilledraht in Rosa (Ø 9 mm)*
- *Marabu-Decormatt Acryl in Weiß, Hautfarbe, Olivgrün, Sand, Mittelbraun, Mango, Zartrosa, Bordeaux, Wildrose, Azalee, Vanille*

Für den Wanderer ohne Hut:
- *Märchenwolle in Braun, Garn in Braun*
- *Chenilledraht in Flieder (Ø 9 mm)*
- *Marabu-Decormatt Acryl in Weiß, Hautfarbe, Krokus, Lavendel, Olivgrün, Sand, Mango, Mittelbraun*

Vorlage 4

Brust, Kraul oder Rücken?

1. Für die Oma den Kopf des Korkens gemäß Vorlagenskizze abschneiden. Für die Nase vom Wattestäbchen eine Spitze abschneiden. Ein Loch in den Korkenkopf bohren, die Spitze hineinkleben. Für die Bäckchen von der Wattekugel zwei Scheiben abschneiden, mit Heißkleber aufkleben.

2. Um den Korkenkopf Modelliermasse zu einer Badekappe formen. Für die Klebestellen der Blüten rundherum in die Modelliermasse einstechen. Kopf und Badekappe grundieren und bemalen. Die Kappe auf den Kopf kleben und die Blümchen darauf anbringen. Die Wackelaugen befestigen.

3. Für den Krauler den Korken gemäß Vorlagenskizze zuschneiden. Als Nase eine Wattestäbchenspitze einkleben, wie bei der Oma beschrieben. Figur und Holzperlen grundieren, gemäß Abbildung bemalen. Wackelaugen aufkleben.

4. Für die Arme Löcher in den Korken bohren und zwei je 4,5 cm lange Chenilledrahtstücke einkleben. Vorher von den Drahtenden etwas Plüsch abzupfen. Die Arme in Form biegen und die Perlen als Hände ankleben.

5. Für den Mann im Schwimmring den Korken gemäß Vorlage zuschneiden. Für die Nase die Wattekugel abflachen und mit Heißkleber Kopf anbringen. Figur, Holzperlen, Füße und Ring grundieren und bemalen.

6. Für die Haare eine Strähne Märchenwolle mittig abbinden. Auf den Kopf kleben und frisieren. Für Arme und Beine vom Chenilledraht vier je 4,5 cm lange Stücke zuschneiden. Löcher in den Korken bohren, Arme und Beine einkleben. Vorher von den Enden etwas Plüsch abzupfen. Die Perlen als Hände und die Füße ankleben. Die Figur im Schwimmring platzieren.

Material

Für alle Figuren (pro Figur):
- *Grundmaterial (siehe Seite 4)*
- *Sektkorken*
- *Fineliner in Schwarz*
- *Buntstifte in Zinnoberrot und Karminrosa*

Für den Mann im Schwimmring:
- *Wattekugel, 2 Holzkugeln (je Ø 10 mm)*
- *Chenilledraht in Beige (Ø 9 mm)*
- *Dekoschwimmreifen aus Holz*
- *Märchenwolle in Orange, Garn in Orange*
- *2 Marionettenfüße (15 mm x 20 mm)*
- *Marabu-Decormatt Acryl in Weiß, Hautfarbe, Zitron, Smaragd, Zartrosa, Zinnoberrot hell*

Für die Oma:
- *Wattestäbchen*
- *Wattekugel (Ø 18 mm)*
- *Modelliermasse, Vergissmeinnichtblüten*
- *Marabu-Decormatt Acryl in Weiß, Hautfarbe, Lavendel, Zinnoberrot hell*

Für den Krauler:
- *Wattestäbchen*
- *2 Holzkugeln (Ø 10 mm)*
- *2 Wackelaugen (Ø 5 mm)*
- *Chenilledraht in Beige (Ø 9 mm)*
- *Marabu-Decormatt Acryl in Weiß, Hautfarbe, Mittelblau, Zinnoberrot hell*

Vorlage 5

Einer ohne Steuermann

1. Für die Nase vom Wattestäbchen eine Spitze abschneiden. Ein Loch in den Sektkorken bohren und die Spitze hineinkleben.

2. Die Wattekugel halbieren und eine etwa 1 cm breite Scheibe für die Mütze zuschneiden. Den Korken, die Mütze, Holzperlen und Marionettenfüße weiß grundieren. Nach dem Trocknen gemäß Abbildung bemalen. Die Füße außerdem noch lackieren.

3. Vom feineren Chenilledraht einen weißen und einen dunkelblauen Abschnitt ineinander verdrehen. Zwei jeweils 4 cm lange Stücke davon zuschneiden. Für die Beine zwei je 4 cm lange Stücke vom dickeren Chenilledraht zuschneiden. An den Armen beidseitig etwa 5 mm Plüsch abzupfen, bei den Beinen an je einem Ende. Arm- und Beinlöcher in den Korken, zusätzlich noch Löcher in die Holzkugeln bohren. Arme und Beine in die Löcher einkleben.

4. Für die Haare eine kleine Strähne Märchenwolle mittig abbinden. Die Wolle gleichmäßig auseinander zupfen. Zuschneiden, auf den Kopf kleben und frisieren. Die Mütze über den Haaren aufkleben und den Pompon darauf anbringen.

5. Das Gesicht des Ruderers gemäß Abbildung gestalten und die Wackelaugen aufkleben. Die Figur in das Ruderboot setzen, Arme und Beine in Form biegen. Die Ruder in die Bohrungen der Holzperlen stecken.

Material

- *Grundmaterial (siehe Seite 4)*
- *Deco-Ruderboot aus Holz (ca. 9 cm)*
- *Sektkorken*
- *Wattestäbchen*
- *Wattekugel (Ø 30 mm)*
- *2 Holzperlen (Ø 10 mm)*
- *2 Marionettenfüße (15 mm x 20 mm)*
- *Chenilledraht in Dunkelblau, Weiß (Ø 6 mm)*
- *Chenilledraht in Dunkelblau (Ø 9 mm)*
- *2 Wackelaugen (Ø 5 mm)*
- *Pompon in Dunkelblau (Ø ca. 18 mm)*
- *Marabu-Decormatt Acryl in Hautfarbe, Weiß, Mittelblau, Dunkelblau, Schwarz*
- *Märchenwolle in Gelb*
- *Garn in Gelb*
- *Marabu-aqua Seidenmattlack*
- *Fineliner in Schwarz*
- *Buntstift in Zinnoberrot*

Vorlage 6

Schwergewichte

1. Für den Gewichtheber mit der Langhantel die 10-mm-Wattekugel etwas abflachen. Von der 18-mm-Wattekugel mit dem Cutter zwei flache Abschnitte zuschneiden. Die Teile als Nase und Backen mit Heißkleber auf den Sektkorken kleben.

2. Für die Gewichte von Sekt- bzw. Weinkorken dreimal zwei Scheiben mit unterschiedlichen Durchmessern (5–9 mm) zuschneiden. Je drei Scheiben nach Größe aufeinander kleben. Figur, Holzperlen, Füße und Gewichte grundieren und gemäß Abbildung bemalen. Für den Kopf in die Hautfarbe etwas Scharlachrot mischen. In die Gewichte Löcher bohren, diese auf ein 13 cm langes Aludrahtstück (Ø 2,5 mm) stecken. Dazwischen zwei Perlen für die Hände auffädeln. In diese Perlen für den Chenilledraht kleine Löcher bohren. Vom 2-mm-Aludraht zwei je 4,5 cm lange Stücke für die Beine zuschneiden und in die Bohrungen der Marionettenfüße stecken. Die Perlen auffädeln. In den Korkenboden zwei Löcher bohren, die Beine hineinstecken. Das Gesicht gestalten und die Wackelaugen aufkleben.

3. Armlöcher in den Korken bohren und zwei je 4,5 cm lange Chenilledrahtstücke hineinstecken. Das andere Ende jeweils in die Kugeln für die Hände kleben. Den Gewichtheber für die Kurzhanteln ebenso arbeiten wie den mit der Langhantel, jedoch ohne Bäckchen. Für die Kurzhanteln je zwei dunkelblaue Perlen als Gewichte auf die Enden eines 4,5 cm langen Schaschlikspießchens kleben, dabei vorher die Perlen für die Hände auffädeln. Für die Haare eine Strähne Märchenwolle mittig abbinden, auseinander zupfen, zuschneiden und auf den Kopf kleben.

Material

Für beide Figuren (pro Figur):
- *Grundmaterial (siehe Seite 4)*
- *Sektkorken, Wattekugel (Ø 10 mm)*
- *6 Holzperlen (Ø 10 mm)*
- *2 Marionettenfüße (15 mm x 20 mm)*
- *Aludraht (Ø 2 mm)*
- *Marabu-Deco Painter in Silber*
- *Fineliner in Schwarz*

Für den Gewichtheber mit Kurzhanteln:
- *4 Holzperlen in Dunkelblau (Ø 12 mm)*
- *Chenilledraht in Rosa (Ø 9 mm)*
- *Märchenwolle in Rostbraun, Garn in Braun*
- *2 Wackelaugen (Ø 6 mm)*
- *Schaschlikspieß*
- *Marabu-Decormatt Acryl in Hautfarbe, Weiß, Mango, Metallic-Rosa, Mittelblau, Metallic-Grün, Metallic-Silber, Kirschrot*
- *Marabu-Deco Painter in Hellblau*
- *Buntstift in Orange, Zinnoberrot*

Für den Gewichtheber mit Langhantel:
- *2 Wackelaugen (Ø 5 mm)*
- *Chenilledraht in Gelb (Ø 9 mm)*
- *Sektkorken und Weinkorken*
- *Wattekugel (Ø 18 mm), Aludraht (Ø 2,5 mm)*
- *Buntstifte in Karminrosa, Zinnoberrot*
- *Marabu-Decormatt Acryl in Hautfarbe, Weiß, Kirschrot, Schwarz, Metallic-Violett, Antikblau*

Cooler Scater

1. Für die Nase vom Wattestäbchen eine Spitze abschneiden. Ein Loch in den Sektkorken bohren und die Spitze hineinkleben.

2. Vom Kopf einen Teil des Korkens als Klebefläche für Haare und Kappe wegschneiden (siehe Vorlage). Für die Kappe die Wattekugel halbieren.

3. Den Körper, die Kappe, Holzperlen und Füße weiß grundieren. Nach dem Trocknen gemäß Abbildung bemalen.

4. Für die Beine vom Aludraht zwei je 4,5 cm lange Stücke zuschneiden. Je ein Ende in die Bohrungen der Marionettenfüße stecken. Die Perlen auffädeln. In den Korkenboden vorne und hinten versetzt zwei Löcher bohren. Die Beine hineinstecken und einen Fuß auf dem Fingerboard befestigen. Die Beine in Form biegen.

5. Das Gesicht gestalten und die Wackelaugen aufkleben. Eine Wollsträhne mittig abbinden, gleichmäßig auseinander zupfen und zuschneiden. Die Haare aufkleben, frisieren und nachschneiden.

6. Den Schirm für die Kappe gemäß Vorlage auf dem Vorlagenbobogen aus Tonkarton zuschneiden. Auf die Kappe kleben, diese mit dem Schild nach hinten auf den Haaren anbringen.

7. Für die Arme Löcher in den Korken bohren und zwei je 4,5 cm lange Biegeplüschstücke hineinstecken. An jeweils einem Ende etwas Plüsch abzupfen, die Arme in den Korken kleben und formen. Die Holzperlen als Hände aufkleben.

8. Einen Fuß des Scaters auf dem Board fixieren. Die Beine in Form bringen.

Tipp: *Wer das Scateboard selbst bauen möchte, schneidet von einem Bastelhölzchen (15,0 cm x 2,0 cm) ein 10 cm langes Stück ab und klebt Rädchen von Gardinenröllchen darunter. Das Board dann nach Belieben bemalen.*

Material

- *Grundmaterial (siehe Seite 4)*
- *Sektkorken*
- *Wattestäbchen*
- *4 Holzperlen (Ø 10 mm)*
- *2 Holzperlen in Gelb (Ø 10 mm)*
- *2 Marionettenfüße (15 mm x 20 mm)*
- *2 Wackelaugen (Ø 5 mm)*
- *Aludraht (Ø 2 mm)*
- *Chenilledraht in Grün (Ø 9 mm)*
- *Wattekugel (Ø 30 mm)*
- *Tonkarton in Magenta*
- *Märchenwolle in Rot, Garn in Rot*
- *Fingerboard (aus dem Spielzeugladen)*
- *Marabu-Decormatt Acryl in Hautfarbe, Weiß, Zinnoberrot hell, Gelbgrün, Orange, Azalee*
- *Fineliner in Schwarz*
- *Marabu-Deco Painter in Silber, Schwarz*
- *Buntstift in Zinnoberrot*

Vorlage 7

Impressum

Entwürfe und Realisation: Werner Schultze
Redaktion: Imke Erdmann
Lektorat: Katja Rötzer, Günther Albrecht
Fotos: Inge Ofenstein, München
Styling: Ulrike Hundhammer
Umschlaggestaltung: Ruth Jungbluth
Entwurf und Illustration „Klipp-Klapper":
Stefan Hagen
Layout: Ruth Jungbluth
Produktion: buchkonzept@web.de
Druck und Verarbeitung: J. P. Himmer, Augsburg

ISBN 3-89858-648-0

Der Autor dankt der Firma Rayher Hobby für die Bereitsstellung von Bastelmaterial.

Herstellerverzeichnis:

Farben und Lacke:
Marabuwerke GmbH & Co.
Asperger Straße 4
71732 Tamm

www.marabu-kreativ.de